Die Geschichte von Gülibik, dem Hahn, spielt in der Türkei, im Hochland von Anatolien. Çetin Öner ist dort aufgewachsen.
Diese Geschichte kann man sich nicht in ein deutsches Dorf denken, mit seinen saftigen Wiesen und Feldern, mit Rindern und Schweinen, mit Traktoren und Mähdreschern. Diese Geschichte spielt eben in Anatolien, wo die Felder steinig und trocken sind, wo es kaum Landmaschinen gibt und keine Schulbusse.

Die Geschichte von Gülibik, dem Hahn, braucht viele Bilder. Die hat Orhan Peker extra für die deutsche Ausgabe gezeichnet. Auch er ist Türke. Auch er weiß, wie die Sonne in Anatolien brennt.

Çetin Öner, Orhan Peker und Cornelius Bischoff, der diese Geschichte übersetzt und nach Deutschland gebracht hat, sind seit vielen Jahren Freunde.

© 1977 Neithard Anrich Verlag, 6101 Modautal-Neunkirchen
(Alle Rechte der deutschsprachigen Ausgabe)

© Text 1976 Cetin Öner
© Bilder 1977 Orhan Peker
Der Titel der türkischen Ausgabe: „Gülibik"
ISBN 3-920110-34-X

Çetin Öner

Gülibik
der Hahn

Bilder von Orhan Peker

Aus dem Türkischen übertragen
von Cornelius Bischoff

„Ich gehe auf den Markt in die Stadt", sagte der Vater, „soll ich dir ein Schaukelpferd kaufen?"
„Kauf mir lieber einen Esel aus Fleisch, anstatt ein Pferd aus Holz", antwortete das Kind.

Dieses ist die Geschichte eines Jungen aus Anatolien.
Weil er arm war, bekam er niemals Spielzeug. Weder Pferde aus Holz noch Soldaten aus Zinn, weder Gummibälle noch Plastikautos, denn diese Dinge konnte man nur kaufen, wenn man Geld hatte.

Aber einmal während seiner ganzen Kindheit bekam er doch ein Spielzeug: Einen Hahn! Einen lebendigen Hahn mit einem purpurroten Kamm.

Gülibik, so nannte der Junge den Hahn, was in seiner Sprache soviel wie Rotkamm oder besser Rosenkamm bedeutet. Gülibik war aber mehr als nur ein Spielzeug.
Er war für den Jungen ein Freund, ein Gefährte und eine Hoffnung. Daher erzählt diese Geschichte auch von den Enttäuschungen, den Hoffnungen und nicht zuletzt von der Freundschaft der beiden.

Der Junge von damals ist heute erwachsen. Er war in vielen Schulen und an vielen Arbeitsplätzen. Er hat viel Nützliches und Unnützes, sogar das große Einmaleins gelernt und wieder vergessen. Gülibik aber vergaß er in all den Jahren nicht.
Deshalb widmet der Verfasser, in Erinnerung an Gülibik und den Jungen, diese Geschichte allen Hähnen und Kindern auf unserer Erde.

Ich grüße Euch! Merhaba!

Çetin Öner

Er war bunt wie ein Regenbogen, hatte schwarzrote Federn und einen blutroten Hahnenkamm.
An den Tag seiner Geburt erinnere ich mich, als wäre es heute. Es war Sommer. Ich war mit meinem Vater vom Markt gekommen und ging in den Stall, um die Schafe zu tränken und zu füttern. Meine Neugier galt jedoch Henna, die auf ihren Eiern hockte. Ich wollte sie beobachten.

Henna war Gülibiks Mutter. Bei Sonnenlicht schillerten ihre Federn, als hätte man ihre Flügel rotbraun gefärbt. Sie hatte sich in einer dunklen Ecke des Stalls in einen Trog verkrochen und grübelte vor sich hin. Ich stand in der Stalltür und beobachtete sie. Sie bewegte ihren Kopf und sah mich mit schläfrigen Augen an. Dann gackerte sie leise: „Gurk! Gurk! Gurk!"

Ich ging noch einige Schritte näher. Sie plusterte sich auf und erhob sich.
„Hab keine Angst, Henna, ich bin es!" sagte ich.
Sie hörte mich nicht einmal. Sie sprang von ihren Eiern herunter und begann mich zu umkreisen. Dann ließ sie ihre Flügel raschelnd über den Boden schleifen und kreiste immer wieder um mich herum.
Ich ging noch näher an den Trog heran, immer bemüht, Henna nicht zu ärgern. Die Eier im Stroh waren gesprungen. Ich streckte meine Hand aus und berührte eines behutsam. Es war ganz warm.
Als Henna sah, daß ich die Eier berührte, stürzte sie sich flügelschlagend auf mich. Ich bekam Angst und rannte aus dem Stall. Von drinnen tönte immer noch ihr wütendes „Gurk! Gurk! Gurk!"

Als ich am nächsten Morgen erwachte, rannte ich zuerst in den Stall.
Henna lief mit einem Schwarm Küken spazieren!
Vor Freude machte ich Luftsprünge und wäre fast davongeflogen. Ich versuchte, ein Küken zu fangen, um es zu streicheln. Aber Henna verhinderte es mit kreischendem Gegacker.

Nachdem sich meine Augen an die Dunkelheit gewöhnt hatten, beobachtete ich die Küken aus einiger Entfernung. Wie schön sie doch waren! Ihre Füßchen waren rosarot und mit ihren gelben, an den Spitzen schwarzweiß gesprenkelten Federchen sahen sie aus wie lebende Wollknäule.

Das Sonnenlicht flutete durch die Stalltür. Es mußte Sürmegös, den Esel, wohl an seinen Durst erinnert haben, denn er schrie plötzlich mit dumpfer Stimme: „A-iii! Aa-iiii! A-iiiii!"
Sofort stürzte sich Henna flügelschlagend auch auf ihn.
Die Küken, wohl erschreckt von der mächtigen und häßlichen Stimme des Esels, streckten ihre Schnäbel in die Höhe und piepsten: „Tschik! Tschik! Tschik!"

Ich kümmerte mich nicht um das Geschrei der Küken und ging zu Hennas Brutplatz im Trog. Das verstreute Stroh war mit Eierschalen bedeckt. Aber was war denn das? Mitten zwischen den Schalen lag noch ein ziemlich großes Ei, das nur einen Sprung hatte. Bestimmt hatte ein träges Küken die Schale nicht aufbrechen können und war wieder eingeschlafen. Ich klopfte mit dem Fingernagel vorsichtig an das Ei.

Es bewegte sich. Ich klopfte noch einmal und das Küken im Innern tickte zurück. Vor Aufregung verschluckte ich beinahe meine Zunge. Als ich wieder an das Ei klopfte und die Schale streichelte, passierte es: Das Ei sprang auf! Zuerst sah ich ein rosiges Schnäbelchen – und dann erschien Gülibik.

Zum ersten Mal hatte ich die Geburt eines Kükens miterlebt. Ich war sehr glücklich.

Gülibiks Augen waren fest geschlossen, sein Schnabel weit geöffnet. Eine klebrige Flüssigkeit rann an ihm herunter. Sein Schnabel und seine Füßchen waren rosa, seine Federn schwarzweiß gesprenkelt.
Mit seinem aufgerissenen rosa Schnabel rief er nach seiner Mutter: „Tschik! Tschik! Tschiiiik!"

Sowie Henna ihn hörte, schoß sie pfeilschnell auf mich zu und griff mich an. Mit den Händen versuchte ich, mein Gesicht zu schützen. Als sie mit ihrem Schnabel auf meine nackten Beine einhackte, rannte ich fort. Bis an die Stalltür verfolgte sie mich. Wir waren beide außer Atem.

Ich lief um den Stall herum und verschanzte mich hinter dem Fenster. Von hier aus konnte ich gut hineinsehen.
Henna hatte ihr Jüngstes am Genick gepackt und stellte es behutsam auf den Boden. Alle Geschwister begrüßten Gülibik mit lautem Piepsen: „Tschik! Tschik! Tschik!"

Zum ersten Mal hatte ich die Geburt eines Küken miterlebt. Dieses wichtige Ereignis mußte ich unbedingt jemandem erzählen. Außerdem hatte ich auf eine Frage, die schon länger in meinem Kopf kreiste, die Antwort gefunden:
Zuerst war da ein Ei und aus dem Ei war dann das Küken gekommen!
Während ich immer wieder überlegte, wem ich es erzählen könnte, fiel mir Alischir ein. Alischir, der mir die Frage gestellt hatte, was wohl zuerst auf der Welt war, das Huhn oder das Ei. Ja, ich mußte unbedingt Alischir alles erzählen.

Ich verließ das Stallfenster und suchte ihn. Zu Hause war er nicht. Seine Mutter kochte vor dem Haus Weizengrütze.
„Alischir? Der ist zu den Weiden da unten an den Bach gegangen", sagte sie. Dann steckte sie mir eine Handvoll gekochte Grützkörner in die Tasche. Ich rannte zum Bach hinunter. Mit einer Hand hielt ich die Tasche zu, damit die Grützkörner nicht herausfallen konnten.

Alischir saß am Ufer und schälte einen Weidenzweig.

Er war so vertieft in seine Arbeit, daß er mich nicht einmal bemerkte. Ich ging zu ihm. Er tat so, als hätte er mich immer noch nicht gesehen.
„Schäl, schäl, schäle dich!
Schäl, schäl, schäle dich!" murmelte er.

Ich setzte mich zu ihm. In der einen Hand hielt er den Weidenzweig, in der anderen ein Taschenmesser mit einem Griff, der die Form eines Fisches hatte. Sein Vater hatte das Messer vor zwei Jahren vom Markt mitgebracht. Jedem von uns hatte Alischir sein Messer gezeigt. Er hatte eine Kette daran gemacht. Einmal als er die Lämmer hütete, waren einige in das Weizenfeld gelaufen, und ich hatte sie zurückgetrieben. Da erlaubte er mir, das Messer in die Hand zu nehmen. Ich durfte sogar die Kette schwingen und dabei um meinen Zeigefinger wickeln.

Dieses fischförmige Taschenmesser hatte er in der Hand. Mit dem Griff hämmerte er auf den Weidenzweig und murmelte dabei:
„Schäl, schäl, schäle dich!
Schäl, schäl, schäle dich!"

Er schnitzte eine Flöte. Mein Freund Alischir war sehr geschickt. Er konnte im Bach schwimmen, konnte Fische fangen und sogar Bilder malen. Außerdem stellte er die verzwicktesten Fragen und gab uns unlösbare Rätsel auf.

Eine Zeitlang saßen wir schweigend nebeneinander. Er schnitzte an der Hirtenflöte, und ich wartete darauf, daß er mit seiner Arbeit aufhörte. Aber dann hielt ich es nicht länger aus und sagte: „Das Küken kommt aus dem Ei."

Er tat so, als hörte er nicht.

Ich schrie ihn an: „Das Küken kommt aus dem Ei, hab ich dir gesagt!"

„Haben wir begriffen, Mann!" sagte er und arbeitete weiter. „Schäl, schäl, schäle dich!"

Er klopfte noch eine Zeitlang mit dem Messergriff auf den Weidenzweig. Der Zweig war schon ganz mürbe. Mit seinen Fingern zog er die gelockerte Rinde ab und legte sie vorsichtig auf einen Stein. Dann spaltete er einen dünnen Span vom runden Holz, so daß es auf der einen Seite eine glatte Fläche bekam. Er nahm die Rinde und schnitt in gleichmäßigen Abständen mehrere kreisrunde Löcher hinein. Das letzte Loch hatte die Form einer Kerbe. Dann stülpte er die Rinde wieder über das Holz und blies hinein: „Düüüüt! Düüüüüt! Düt!"

„Ich habe die Geburt eines Kükens gesehen", sagte ich.

„Na und? Was ist schon dabei?" antwortete Alischir.

„Das Ei kommt nicht vom Huhn, sondern das Küken kommt zuerst aus dem Ei!"
„Hau ab, du Trottel!"
„Ich schwöre, beim Leben meiner Mutter!"
Er sah mich mitleidig an und sagte: „Das geht doch nicht, Mann! Das eine kommt vom andern. Denk doch mal nach. Woher sollen denn deine blöden Küken kommen, wenn Henna keine Eier legt? Ohne Hühner gibt es auch keine Eier!"
„Und die Hähne?" fragte ich.
„Das sind dumme Geschöpfe. Die taugen allenfalls zum Krähen!" Er hielt mir die Hirtenflöte unter die Nase und sagte: „Genau wie diese Flöte." Er steckte die Flöte in den Mund und blies sehr lange: „Düüüt! Düüüüt! Düüüüüt!"

„Na schön", sagte ich, „und wo ist der Unterschied zwischen Hahn und Henne?"
„Hör zu, ich erkläre es dir: Das Huhn ist zuerst ein Ei, dann wird es ein Huhn. Und dann wird es wieder ein Ei. Die blöden Hähne sind auch erst Eier und dann Hähne. Aus ihnen werden aber keine Eier. Und wenn sie sterben, sind sie nichts als tote Hähne."
„Habe ich nicht begriffen", sagte ich.
„Begreifst du natürlich nicht, weil du ein Gänsekopf bist."

Wäre er nicht größer als ich gewesen, wäre ich auf ihn losgegangen. Aber so hatte es keinen Zweck. Wenn man weiß, daß man verliert, soll man keinen Kampf anfangen. Ich würde ja noch wachsen und eines Tages würde ich es ihm schon zeigen. Ich schwieg also.

Da sah Alischir mich an und lächelte. Wer weiß, vielleicht hatte er meine Gedanken erraten. Er legte seine Hand auf meine Schulter und zeigte auf den Baum: „Nimm als Beispiel diesen Weidenbaum! Zuerst ist er ein Strauch und dann ein großer Baum. Wenn der Wind seine Samen nicht fortträgt, oder wenn er kein Wasser findet, geht er ein. Damit er weiterlebt, muß man schon einen Zweig abschneiden, woanders einpflanzen und aufziehen. Ein Aprikosenbaum dagegen ist doch etwas ganz anderes, oder?"
Ich verstand nichts von dem, was er sagte. Trotzdem hörte ich gespannt zu und strengte mich sehr an, ihn zu verstehen.

„Ein Aprikosenbaum ist etwas anderes als eine Weide", sagte Alischir. „Zuerst ist er ein Kern, dann wird er ein Baum und schließlich ein Baum voller Aprikosen. Wenn die Aprikosenkerne auf den Boden fallen, fangen sie an zu sprießen und daraus wachsen neue Aprikosenbäume. Darauf wachsen wieder Früchte und ihre Kerne verwandeln sich wieder in Bäume."
Gab ich zu, daß ich ihn immer noch nicht verstanden hatte, würde er wütend werden. Das wußte ich. Ich hob einen Stein auf und warf ihn so flach, daß er über das Wasser bis an das andere Ufer hüpfte.
„Und was hat das alles mit den Küken zu tun?"

Alischir sah mich mißmutig an. Er schnitt noch einen Zweig von der Weide und sagte: „Hühner sind Aprikosenbäume, Hähne sind Weiden!"

„So, und nun spinnst du!" sagte ich.
„Frag doch meinen Bruder, wenn du mir nicht glaubst. Der weiß alles, weil er viele Bücher hat. Er liest dauernd und erzählt mir, was er gelernt hat. Und alles das hat mir mein Bruder erzählt."
„Ich wollte, ich hätte auch einen großen Bruder. Alles, was ich nicht weiß, würde ich ihn fragen", sagte ich.

Alischir sah mich an und lachte. Er legte seinen Arm um meine Schulter, und wir gingen auf das Dorf zu. Unterwegs sprach er nur von seinem großen Bruder. Dabei erzählte er mir Dinge, die ich noch nie gehört hatte. Am meisten wunderte ich mich darüber, daß die Menschen von den Affen abstammten.

„Gut", sagte ich. „Du behauptest, daß die Menschen von den Affen abstammen. Und was haben die armen Affen verbrochen, die heute noch Affen sind?"

Alischir riß einen Grashalm aus der Erde und stocherte damit zwischen seinen Zähnen herum. Dann sagte er: „Ich frage meinen Bruder und erzähle es dir morgen."

Dann rief er: „Los, wettlaufen bis zum Stall, machst du mit?"
Ich war kleiner als er, aber ich konnte schnell laufen.
Wir stellten uns nebeneinander auf, und ich wartete bis er zählte. Bei „Drei!" rannten wir los. Bis zum Friedhof rannten wir nebeneinander. Dann vergrößerte Alischir den Abstand. Als ich in das Dorf lief, war er schon vor unserem Stall.

Völlig außer Atem kam ich an.
Alischir lag vor dem Stallfenster. Ich legte mich daneben und schaute auch hinein.
„Los, wir lassen sie raus!" sagte Alischir, als er die Küken sah.
„Und was ist mit Henna?" fragte ich.
„Kümmere dich nicht um sie", antwortete er. Dann stand er auf, klopfte sich den Staub ab und ging an die Stalltür.
„Komm und halte die Tür!" rief er.

Ich öffnete die Tür und versteckte mich dahinter. Er ging hinein. Ich blinzelte durch den Türspalt und sah, wie er die Küken scheuchte. Dabei spielte er auf der Hirtenflöte.

Henna flatterte wie wild um ihre Küken herum. Zwischendurch stürzte sie sich immer wieder auf den pfeifenden Alischir. Dann kamen sie hintereinander heraus. Die Küken vorneweg und Henna hinterher. Als die Küken in das grelle Sonnenlicht kamen, taumelten sie ein bißchen. Ich streute die Grützekörner aus meiner Tasche vor ihnen aus. Jetzt kamen auch alle anderen Hühner angelaufen.
Die Küken waren noch so klein, daß sie nicht einmal wußten, wie man Körner frißt. Ich suchte Gülibik. Er war nicht dabei. Ich ging in den Stall. Er hockte in einer dunklen Ecke und schrie aus Leibeskräften. Vorsichtig hob ich ihn auf und trug ihn hinaus. Bevor Henna etwas merkte, setzte ich ihn auf den Boden.
Mit seiner schrillpiepsenden Stimme mischte er sich unter seine Geschwister.

Ich hatte Ferien und spielte den ganzen Tag mit den Küken, besonders mit Gülibik.

Sogar Henna hatte sich an mich gewöhnt. Sie griff mich nicht mehr an.

Im Sommer gingen mein Vater und ich jeden Sonntag auf den Markt. Wir verkauften Eier, Hühner und Joghurt und kauften ein, was wir im Haus brauchten. Wir mußten also auch am Sonntag etwas tun. Ihr wißt es nicht, aber im Sommer haben die Bauern keinen Ruhetag. Sie müssen durcharbeiten. Sonst kann es vorkommen, daß sie mitten im Winter hungern müssen.

An den Wochentagen arbeitete mein Vater auf dem Feld. Er mähte, drosch und pflückte Linsen. Ich half ihm dabei. Ich brachte das Essen oder fuhr das Heu mit dem Karren von der Weide.

Trotz aller Mühe war es schön, mit Vater auf dem Feld zu arbeiten. Während der Arbeit erzählte er von der Erde, den Gräsern und Blumen. Es waren Dinge, über die ich in der Schule nichts erfuhr. Von meinem Vater lernte ich den Roggen vom Weizen, den Weizen von der Kichererbse, die Kichererbse von der Linse zu unterscheiden. Er zeigte mir, woran man die verschiedenen Feldblumen, die Narzissen, Hyazinthen und Herbstzeitlosen erkennen konnte.

Vater war mein erster Lehrer. Noch bevor ich in die Schule ging, war er es, der mir Zusammenzählen, Abziehen und Zeitunglesen beibrachte. Er wollte, daß ich sehr viel lerne, weil er selbst als Kind nicht lange genug zur Schule gehen konnte. Daher prüfte er mich oft. Die größten Schwierigkeiten hatte ich mit dem Einmaleins. Es wollte und wollte nicht in meinen Kopf. Aber schließlich behielt ich es doch.

Seit jener Zeit hasse ich alles, was man auswendig lernen muß, weil man es sehr schnell wieder vergißt.

Die Menschen sind eben keine Papageien.

Aber wenn ihr wollt, lassen wir das Auswendiglernen. Gehen wir lieber auf den Markt.

Ich sagte doch, daß Vater und ich jeden Sonntag auf den Markt gingen.
Der Marktplatz sah so aus:
Packt einen großen Platz mit all den Dingen voll, die man verkaufen kann, stellt die Verkäufer und die Käufer daneben und hängt eine riesengroße Sonne darüber! Schüttet noch rote Tomaten, grüne Pfefferschoten und gelbe Birnen in die Mitte. So ein lebendiger und bunter Platz war der Markt.
Ein Mann verkaufte Spiegel, Glasperlen und Gebetsketten, ein anderer Melonen und Weintrauben. Rote Tomaten, geblümte Stoffe und bunte Süßigkeiten, Hammel mit gefärbten Rücken, Pferde, denen man die Schwänze zu Zöpfen geflochten hatte, Rinder, Ziegen und Lämmer warteten auf die Käufer.

Auf dem Markt herrschte ohrenbetäubender Lärm:
„Zur Auswahl, zur Auswaaaahl!" rief einer.
„Alles für eine Liraaaa!" ein anderer und „Komm her zu meinen Tomaaaaaten!" ein dritter.
Ich stellte mich dazu und schrie: „Habe Hühner und Eier und Joghuuuuurt!"

Lastwagen, voll mit Waren und Menschen, kamen in große Staubwolken gehüllt von den Tausend-Büffel-Bergen und fuhren weiter in den Taurus.
Bauern kamen zu Pferd und zu Fuß. Auf Ochsenkarren und Pferdegespannen brachten sie ihre Erzeugnisse, aber auch ihre Kranken in die Stadt.

Ich gab mir Mühe, unsere Waren schnell zu verkaufen, denn mir fehlte Gülibik, und ich wollte zu ihm zurück.

Jeden Sonntagmorgen kam eine tiefe Traurigkeit über mich.
Wir wachten in der Morgendämmerung auf, aßen unsere Suppe und machten uns reisefertig. Meine Mutter legte die Sachen zurecht, die wir auf den Markt bringen wollten. Sie fesselte die Hühner an den Beinen aneinander, spannte sauberes Leinen über den Kupfereimer, damit der Joghurt gegen Staub geschützt war.
Nachdem wir unsere Suppe gegessen hatten, machten wir uns auf den Weg. Vorher ging ich noch schnell in den Stall und unterhielt mich mit Gülibik. Er antwortete natürlich nicht, aber bestimmt hatte er dafür Verständnis, daß wir auch sonntags arbeiten mußten. Er war inzwischen zu einem großen Hahn herangewachsen, und seit kurzem versuchte er zu krähen. Es waren noch sehr sonderbare Laute.

Bis zur Hauptstraße, die in die Kreisstadt führte, gingen wir zu Fuß. Dort warteten wir. Nach kurzer Zeit kam ein Autobus, beladen mit Menschen, Ziegen, Hühnern und Körben. Wir fuhren los. Nachdem wir schon eine Zeitlang gefahren waren, wurde es hell über den Tausend-Büffel-Bergen. Die Sonne ging auf. Ochsenkarren und Reiter zogen an uns vorbei. Ich dachte an Gülibik. Er war mein einziger Freund, denn Alischir spielte nicht so oft mit mir, weil er groß war. Und die gleichaltrigen Kinder arbeiteten auf den Feldern oder hüteten die Schafe. Wir sahen uns selten.

Scheppernd und ächzend erreichte der Bus den Markt. Wir stiegen aus dem Klapperkasten, setzten uns in eine Ecke und warteten auf die Käufer. Gegen Mittag suchten wir uns einen schattigen Platz und aßen Weintrauben, Brot, Tomaten und Käse. Manchmal kaufte mein Vater eine Wassermelone. Sie war innen blutrot und saftig. Ich mochte lieber Weintrauben und Tomaten.

Jahre später lernte ich in der Schule, daß die Eskimos keine Tomaten und Weintrauben haben. Sie taten mir sehr leid. Wäre ich ein Eskimo, hätte ich bestimmt nicht ohne Weintrauben leben können. Außerdem gibt es am Nordpol auch keine Hähne. Was hätte ich wohl ohne Gülibik dort angefangen?

Wenn wir unsere Hühner verkauft hatten, schlenderten wir über den Markt und durch die Ladenstraße der kleinen Stadt. Wir guckten in die Schaufenster. Einmal sah ich, wie einige Bauern auf dem Markt sich fest an den Händen faßten und sie mit aller Kraft hin und her schwenkten.
Ich sagte: „Sieh Vater, sie prügeln sich!"
Er antwortete: „Sie prügeln sich nicht, sie handeln."
Ich verstand ihn nicht.

In unserer Nähe war ein Mann auf eine Kiste geklettert und sang. Als wir näher kamen, sahen wir, daß er auf beiden Augen blind war. Er hatte einen Kasten aufgestellt. Mit der einen Hand schwang er eine Glocke. Dabei sang er:
„Alle Wege nach Mekka sind wei-ei-eit.
Mein Herz ist voller Lei-ei-eid.
Was sie Leben nennen, ist eine kuuuurze Zei-ei-eit!"
Bald standen viele Menschen um ihn herum. Wer ihm eine Münze gab, durfte seine Augen auf die Gucklöcher an dem Kasten pressen. Dann hörte der Mann auf zu singen und rief: „Kommt her! Versammelt euch! Schaut auch hinein! Was ihr jetzt seht, kommt aus den wilden Urwäldern Afrikas . . . ! Und das da ist der Welt größtes . . . !"
Mein Vater zog mich am Arm fort.
„Glaub diesem Geschwätz nicht", sagte er.

Wir gingen weiter. Hinter uns hörten wir immer noch die Stimme des blinden Mannes: „Und jetzt seht ihr die Frau mit dem Schlangenleib, die Königin der Schlangen!"
„Du Vater", fragte ich, „können Schlangen eine Königin haben?"
„Glaub ihm nicht, er lügt", antwortete mein Vater.
Ich drehte mich um und sah den Mann böse an: „Du bist ein Lügner", sagte ich, „noch dazu ein blinder Lügner!"

Je näher die Heimfahrt heranrückte, desto mehr freute ich mich darauf, Gülibik wiederzusehen.
Von den gerösteten Kichererbsen, die mir mein Vater gekauft hatte, hob ich einen Teil für Gülibik auf.

Wenn die Schatten der Berge den Marktplatz erreichten, gingen wir zum Autobus. Noch vor Dunkelheit kamen wir an die Abzweigung zu unserem Dorf. Wir stiegen aus. Jetzt war es nicht mehr weit.
Mein Vater sang ein Lied. Er hatte eine helle, schwermütige Stimme.
Seine Lieder machten mich immer ein bißchen traurig. Sie erzählten von den Blumen, von der Steppe und den Bergen.

Der Abendwind, der von den Tausend-Büffel-Bergen kam, brachte den Geruch der blauen Blumen, der Veilchen und Hyazinthen mit, von denen mein Vater sang. Die Berge um uns herum färbten sich violett, und als die Dunkelheit hereinbrach, wurden sie schwarz.
Damals stellte ich mir den Himmel als eine riesige blaue Seidendecke vor, die man an den Tausend-Büffel-Bergen befestigt hatte. Am Wegrand huschten Eidechsen, Schlangen und Heuschrecken. Grasgrüne Fliegen, gelbe Wespen und Käfer, deren Namen ich nicht wußte, schwirrten um uns herum. Die Bienen erkannte ich schon an ihrem Summen. Sie sangen bei ihrer Arbeit. Als eine lange schwarze Schlange über unseren Weg schoß, schrie ich vor Schreck.

„Hab keine Angst vor den Schwarzen", sagte mein Vater. „Die sind nicht giftig und außerdem sind sie blind. Du mußt dich vor den bunten Schlangen in acht nehmen. Das sind unsere Feinde."
„Was sind Feinde?" fragte ich.
Nachdem mein Vater eine Zeitlang nachgedacht hatte, sagte er: „Feinde sind faule, aber gefräßige Tiere. Sie fügen anderen Lebewesen unnötig Schaden zu. Sie sind faul, aber sie schnappen sich die größten Happen vom Tisch."
„Dann sind Elefanten unsere Feinde", sagte ich. „Sie sind faul und fressen viel."
„Das stimmt nicht", antwortete mein Vater, „Elefanten sind fleißig."
Nach einer Weile fügte er hinzu: „Natürlich gibt es auch Faulpelze unter ihnen."
Wir gingen schweigend weiter und ich dachte mir: Dann sind die gefräßigen und faulen Elefanten unsere Feinde und die fleißigen Elefanten unsere Freunde.

Rechts und links des Weges dehnten sich grüne Weizenfelder. Wenn der Wind darüber hinwegstrich, wellten sie sich wie das Meer. Ich hatte das Meer noch nie gesehen, aber ich stellte mir vor, daß es wie ein blaues Weizenfeld aussehen müßte.

Auf dem Heimweg ins Dorf trafen wir unsere Nachbarn, die von den Feldern zurückkehrten. Sie gesellten sich zu uns, und wir gingen zusammen weiter. Dann sah ich auch meine Freunde. Ihre Gesichter waren von der Feldarbeit in der heißen Sonne braun und rissig, und sie hatten Schwielen an den Händen. Ich sah bestimmt nicht anders aus. Aber ich hatte einen Hahn.
Ich war glücklich.

Bald hörte ich die Hähne krähen. Dazwischen ertönte Hundegebell und das leise Bimmeln der Schafsglöckchen. Unser Dorf! Freude stieg in mir auf. Ich sah den dünnen Rauch, der sich über unseren Dächern kräuselte. Am Dorfbrunnen angekommen, wuschen wir nacheinander unsere Gesichter und tranken in tiefen Zügen das eiskalte, frische Wasser. Vergessen war all unsere Müdigkeit.

Sobald ich unser Haus sah, rannte ich los. Meine Mutter wartete vor der Haustür. Ich erkundigte mich nach Gülibik.
„Es geht ihm gut", sagte sie, „er wartet auf dich."

„Gülibiiik! Gülibiiik! rief ich und begann, ihn zu suchen. Meistens fand ich ihn im Hof. Ich streute die Kichererbsen vor ihm aus. Die anderen Hühner kamen auch herbeigelaufen. Ich fing Gülibik ein, trug ihn unter das Vordach und fütterte ihn. Wenn er mit seinem Schnabel meine Handfläche berührte, kitzelte es. Ich streichelte ihn, strich ihm das Gefieder glatt und reinigte seinen Schnabel.
Bald darauf spürte ich, wie er in meinen Armen mit den Flügeln schlug.
„Du bist also schläfrig", sagte ich und brachte ihn in den Hof. Sobald ich ihn auf den Boden setzte, rannte er wie der Blitz los und trieb alle Hühner vor sich her in den Stall. Nachdem er diese Aufgabe erledigt hatte, suchte er sich einen hochgelegenen Platz, zog ein Bein ein und fiel in einen tiefen Schlaf.

Wir waren ein armes Dorf. Daher gab es nicht einmal elektrisches Licht. Wenn die Sonne untergegangen war, legte sich tiefe Dunkelheit über die Häuser. Im Sommer trieben wir die Tiere in den Hof. Sie übernachteten im Freien.
Die Hühner schliefen im Stall.
In den warmen Sommernächten breitete meine Mutter die Matrazen auf dem flachen Dach aus. Wenn ich unter die Decke gekrochen war, konnte ich in den weiten Sternenhimmel hineinschauen. In der Ferne hörte ich die Glöckchen der Schafe. Über mir flimmerten die Sterne. Die Milchstraße lag ausgedehnt wie ein riesiges Weizenfeld. Der Polarstern blinzelte mir zu.
Das leise Läuten der Schafsglöckchen und das eintönige Zirpen der Grillen machten mich schläfrig. Bald war ich fest eingeschlafen.

An jenem Morgen weckte mich ein endlos langer Hahnenschrei.
Auf dem Land werden die Menschen meistens von den Hähnen geweckt. An jenem Morgen riß mich aber ein besonders heller Schrei aus dem Schlaf. Von anderen Hähnen kam Antwort, aber dieser Schrei übertönte sie alle.
Sollte das etwa –?
Ich sprang aus dem Bett und rannte in den Stall. Und wie gefällt euch das? Der Hahn, der so hell und ausdauernd krähte, war Gülibik!
Ich blieb eine Zeitlang in der Stalltür stehen und beobachtete ihn. Er legte seinen Kopf in den Nacken, streckte ihn dann in die Höhe und während er sich mit geschwellter Brust vorbeugte, stieß er einen langen durchdringenden Schrei aus.
Vor Freude machte ich einen Luftsprung und rannte in den Hof. Meine Mutter melkte die Schafe.
„Mutter!" rief ich, „Gülibik hat gekräht!"
Sie richtete sich auf, wischte ihre Hände an der Schürze ab und sagte: „Alle Hähne krähen!"
„Aber begreifst du denn nicht, er kräht zum ersten Mal!"
„Na, dann herzlichen Glückwunsch!" antwortete sie.

Seit ich die Erwachsenen kenne, sind sie so. Sie freuen sich zu wenig. Nicht einmal über ein so wundervolles Ereignis wie den ersten Hahnenschrei konnten sie sich freuen.
Ich ließ meine Mutter bei ihren Schafen stehen und suchte meinen Vater. Er zog gerade seine Strümpfe an.
„Gülibik hat gekräht, Vater, Gülibik hat gekräht!" rief ich.
„Schwatz nicht herum und bring meine Mütze her!" sagte er.
Ich brachte ihm die Mütze.
Er setzte sie sorgfältig auf und machte sich auf den Weg zum Dreschplatz. Dann drehte er sich noch einmal um und sagte: „Und laß jetzt das Hahnengeschrei und kümmere dich um deinen Unterricht! Die Schule fängt bald an, und du beschäftigst dich mit Hennen und Hähnen!"
Nach einigen Schritten drehte er sich wieder um und rief: „Verbummle die Zeit nicht mit den Feldblumen am Weg, wenn du mir mein Essen bringst!" Dann ging er weg. Ich starrte hinter ihm her.

Niemand wollte meine Freude mit mir teilen. Da nahm ich ein Stück Holzkohle und schrieb an die Rückwand unseres Hauses:

Heute hat Gülibik zum ersten Mal gekräht!

Seine Stimme war sehr schön!

Gegen Mittag machte ich mich mit unserem Esel Sürmegös auf den Weg, um meinem Vater das Essen zu bringen.

Vorher ging ich noch in den Stall und warnte Gülibik: „Du krähst wunderschön", sagte ich. „Aber bitte nicht bei jedem Anlaß. Vater hat neulich gesagt, daß Hähne, die zur falschen Zeit krähen, geschlachtet werden!"

Gülibik antwortete nicht. Aber ich glaube, er hatte mich verstanden. Er plusterte sich auf und schlug mit den Flügeln.

Ich kletterte auf Sürmegös. Meine Mutter reichte mir das Essen für Vater. Ich schlug meine Füße in Sürmegös Flanken und rief: „Deeeeh!"

Der Esel trabte los.

Meine Mutter rief hinter mir her: „Treib den Esel nicht so an, du verschüttest sonst die Buttermilch!"

Die Straße führte aus dem Dorf hinaus und am Friedhof vorbei. Da fiel mir plötzlich ein, was Alischir gesagt hatte: Und wenn sie sterben, sind sie nichts als tote Hähne.
Gülibik durfte niemals sterben. Er sollte ewig leben! Aber Alischir hatte auch gesagt: Alle Lebewesen sterben eines Tages. Warum eigentlich? Beim nächsten Mal mußte ich ihn danach fragen.
Plötzlich stolperte Sürmegös. Beinahe hätte ich die Buttermilch verschüttet. Nachdem ich mein Gleichgewicht wieder hatte, kitzelte ich seinen Bauch mit meinen nackten Füßen und rief: „Deeh!"
Der Esel fiel wieder in Trab.

Als ich den Dreschplatz erreichte, machte mein Vater gerade eine Ruhepause. Er döste im Schatten der Weizengarben. Als er mich sah, stand er auf und kam mir entgegen. Er faßte mich an den Armen und hob mich vom Esel. Wir gingen zusammen in den Schatten.
Vater knotete das Tuch auf, in dem das Essen eingewickelt war. Reis, zwei frische Zwiebeln und Brot. Die Kanne mit der Buttermilch stellte er in den Schatten.
„Na?" fragte er, „und wo sind die Löffel?"
Um sie nicht zu verlieren, hatte ich die Löffel in die Hosentasche gesteckt. Ich zog sie heraus und gab sie ihm.
„Setz dich!"
Im Schneidersitz hockte ich mich ihm gegenüber. Wir aßen.
Nach dem Essen sagte mein Vater: „Treib du die Ochsen jetzt ein bißchen. Ich werde hier ein Schläfchen machen."
Dann legte er sich in den Schatten und deckte sein Gesicht mit einem nassen Taschentuch zu.
Die Ochsen waren vor ein großes Brett gespannt, das auf der Unterseite aufgerauht war. Auf dem Brett war ein kleiner Hocker. Ich setzte mich darauf und trieb die Ochsen in großen Kreisen über das ausgebreitete Getreide. Dabei lösten sich die Weizenkörner aus den Ähren.
Von der Mittagshitze war ich wie betäubt. Ich wurde schläfrig und nickte ein. Als die Ochsen das merkten, blieben sie stehen und fingen an, die Garben gemächlich aufzufressen.
Plötzlich schreckte mich Vaters Stimme hoch: „Du fauler Schlingel, du!" schrie er. „Runter vom Bock!"
Nun setzte er sich auf das Brett.
Während ich schlief, war Sürmegös auf die abgeernteten Felder gelaufen. Ich rannte ihm nach und fing ihn ein. Dann brachte ich ihn zurück auf den Dreschplatz. Damit mein Vater mich nicht sehen konnte, kroch ich hinter die Garben.
Ich dachte lange an Gülibik.

Gegen Abend rief mein Vater: „Los, rappel dich auf, wir gehen."
Ich sammelte die Reste des Mittagessens in die leere Kanne und faltete das Tuch zusammen. Dann zog ich Sürmegös vor einen großen Stein und sprang auf seinen Rükken. Vater setzte sich hinter mich, und wir machten uns zusammen auf den Weg ins Dorf.

Von weit her hörte ich schon die Hähne krähen. Wer weiß, vielleicht war dieser da Gülibik. Ich konnte es kaum erwarten, in unser Dorf zu kommen. Heimlich drückte ich meine Füße in Sürmegös Flanken.
„Deeeeh!" rief ich.
Dann waren da die Pappeln unseres Dorfes! Und jetzt krähte ein Hahn hell und lang. Das war Gülibik.

Die Arbeit auf Feld und Dreschplatz war getan.
Die Äcker, die sich weit über die Ebene erstreckten, sahen jetzt aus wie die kahlgeschorenen Köpfe der Dorfkinder. Alle Bäume verloren ihre Blätter.
Der Herbst war gekommen.
Mein Vater und ich gingen in die Bergwälder und sammelten Holz. Unseren Weizen ließen wir in der Mühle im Nachbardorf mahlen.
Ich war froh, daß alle Arbeiten erledigt waren, bevor die Schule anfing.
Zum letzten Mal fuhr mein Vater auf den Markt, um die Winterkleidung zu kaufen.
Ich holte meine Schulbücher und Hefte hervor und wiederholte, was ich vergessen hatte.

Dann kam Alischir. Er wollte sich verabschieden und Mutters Hand küssen. Das war so üblich. Man berührte die Hand der Erwachsenen erst mit den Lippen und dann mit der Stirn.

Alischir hatte die Provinzschule beendet und sollte auf eine Schule in der Großstadt.
„Gott befohlen!" sagte er zu meiner Mutter.
Mutter fing an zu weinen. Das machte sie immer. Sie weinte, wenn sie traurig war, und wenn sie sich freute, weinte sie auch.
Als Alischir fortging, schüttete sie einen Eimer Wasser hinter ihm auf den Weg und sagte: „Geh so leicht wie das Wasser fließt, und komm so leicht wie das Wasser wieder zurück!"

Vorher hatte Alischir auch mich umarmt und nach meinen Schularbeiten und nach meinem Hahn gefragt.
„Es geht ihm gut", sagte ich.
Mir war zum Weinen. Ich wollte nicht mehr reden. Alischir fragte alles Mögliche. Dann aber tat er etwas Unglaubliches. Er steckte seine Hand in die Tasche, holte sein Taschenmesser heraus und hielt es mir hin.
„Ich will es nicht", sagte ich.
„Nimm!" drängte er, „es soll ein Geschenk von mir sein. In der Schule kannst du deine Bleistifte damit anspitzen."
Ich nahm das Taschenmesser. Wir umarmten uns noch einmal. Plötzlich klammerte ich mich an ihn und fing an zu weinen.

Die Schule hatte begonnen.
Unser Lehrer vom Vorjahr war nicht mehr da. Ein Neuer war gekommen. Ich hatte ihn schon einmal gesehen, als er etwas am Schulgebäude reparierte. Ich grüßte ihn, und er lachte mich an. Dann arbeitete er weiter.

Ich sagte schon, daß wir ein armes Dorf waren. In einem armen Dorf ist alles ärmlich. Der Brunnen, die Häuser, die Schule. Unsere Schule war ein altes Gebäude. Der Putz war von den Wänden abgeblättert. Im Klassenzimmer stand ein alter Ofen. Die Bänke waren beschädigt und die Decke war nicht dicht. Die Fahne wäre schon längst verblichen und in Fetzen, wenn nicht jeder Lehrer eine neue mitgebracht hätte.
Der Unterricht war für alle Klassen in einem Raum. Obwohl wir zu fünft in einer Bank saßen, mußten einige stehen. Wenn im Winter das Wasser von der Decke tropfte, drängten wir uns auf die trockenen Plätze.
Gegen Ende des Winters ging der Brennstoff aus. Dann machte der Lehrer zwischendurch Turnübungen mit uns, damit uns warm wurde.

Die meisten von uns hatten keine Schulbücher. Wir liehen sie untereinander aus. Die Bücher vom Vorjahr gaben wir an jüngere Freunde weiter. Manche von uns konnten sich nicht einmal Bleistifte kaufen.

Als ich Jahre später die Schulen in den großen Städten sah, wurde ich richtig neidisch. Ich dachte mir, daß es doch Spaß machen müßte, auf diesen blitzenden Bänken im geheizten Klassenzimmer zu sitzen. Ich wunderte mich, daß die Schüler in diesen schönen Schulen und in ihren hübschen Kleidern nicht mehr wußten als Alischir. Es gab welche, die diese schönen Schulen wieder verließen oder sogar sitzenblieben. Da dachte ich mir, daß wir Dorfkinder in so einer Schule bestimmt mehr gelernt hätten. Das könnt ihr mir glauben. Denkt doch einmal an Alischir, der schon in unserer ärmlichen Dorfschule alles wußte. Er wäre bestimmt ein berühmter Wissenschaftler geworden. Aber so wurde er nur Rechtsanwalt. Das ist auch ein schöner Beruf, aber er wäre viel lieber ein Chemiker oder ein Arzt geworden.
Aber lassen wir die armen und reichen Kinder, zurück in unser Dorf und zu Gülibik.

Seit die Schule angefangen hatte, mußte ich mich um meine Schularbeiten kümmern. Ich konnte nicht mehr so oft mit Gülibik spielen. Aber ich vertröstete mich auf den Sommer und die Ferien.

In jenem Jahr war der Winter hart und plötzlich gekommen.
Alle Häuser lagen unter einer dicken Schneedecke. Der Torf, den wir für unsere Öfen brauchten, ging bald zur Neige, auch weil jeder Schüler täglich ein Stück Torf in die Schule mitbringen mußte. Alles wurde knapp, je länger der Winter dauerte, Zukker, Brennholz und Mehl ...

Die Schuhe gingen kaputt. Viele von uns gingen in Holzpantinen zur Schule. Manche hatten keine Strümpfe. Wenn wir in der Klasse unsere Füße am Ofen aufwärmten, schwollen sie an und wurden blau.

Mit der Zeit wurden auch die Futtervorräte an Häcksel, Hafer und Disteln knapp. Die Schafe, Ziegen und Kühe magerten ab vor Hunger.

Als wir eines Tages die Tür zum Stall öffneten, den wir ausmisten wollten, lagen ein Schaf und mehrere Hühner am Boden. Das Schaf lebte noch.

„Bring ein Messer, schnell!" brüllte mein Vater.

Ich rannte ins Haus und holte das große Brotmesser.

Mein Vater ritzte die Ohren des Tieres ein, so daß es blutete. Er hoffte, daß das Schaf wieder zu sich kommen würde. Aber es wurde immer schlimmer. Speichel rann dem Tier aus dem Maul. Es hatte die Augen geschlossen und keuchte.

Mein Vater gab die Hoffnung auf. Er schärfte das Messer an einem Stein. Die Klinge schimmerte in der Dunkelheit. Vater ging vorsichtig auf das Schaf zu. Er bog den Kopf des Tieres weit nach hinten und setzte das Messer an.

Ich bekam einige Blutspritzer ab. Mir wurde übel. Um nicht brechen zu müssen, rannte ich nach draußen.

Mein Vater brachte erst die toten Hühner zum vereisten Bach. Dann hängte er das Schaf an einem Bein an den Strebebalken. Sehr sorgfältig zog er das Fell ab, salzte es ein und packte es weg.

„Kann ich die Fußknöchel zum Würfeln haben?" fragte ich.

Mein Vater trennte die Knöchel ab und gab sie mir. Später goß ich heißes, flüssiges Blei in die Vertiefungen der Knöchel, malte sie an und spielte den ganzen Winter damit.

Für die Menschen in unseren Dörfern ist der Winter eine schlimme Zeit. Dann sind Armut und Hunger am ärgsten. Der Winter wird furchtbar, wenn auch noch Krankheiten dazukommen.

Damals brach im Dorf eine Seuche aus. Immer mehr Hühner und Hähne wurden krank und starben.

Ich hatte Angst um Gülibik. Immer wieder fielen mir Alischirs Worte ein: Und wenn sie sterben, sind sie nichts als tote Hähne.

Die Seuche brach in die Ställe ein und tötete alle Hühner. Sie kam immer näher.

Mutter und ich trugen Gülibik und die Hühner ins Haus. Wir fütterten sie mit Speiseresten. Wir rieben sie mit sauberen Lappen ab.

Unser Lehrer hatte uns geraten, Kalk auf die toten Tiere im vereisten Flußbett zu schütten. Daher war ich der festen Meinung, daß Kalk auch gegen eine Ansteckung schützen würde. Ich mischte ihn einfach unter das Hühnerfutter.
Und bevor ich abends schlafen ging, nahm ich Gülibik auf meinen Schoß, sperrte seinen Schnabel auf und steckte ein Stück Kalk hinein. Ich wartete, bis er es geschluckt hatte.
Es sah dann doch so aus, als ob Gülibik sich angesteckt hätte. Tagelang konnte ich nicht essen und nachts nicht schlafen. Immer wieder klangen mir Alischirs Worte in den Ohren.

Eines Nachts hatte ich einen merkwürdigen Traum.
Ihr wißt doch, daß Hähne nicht sprechen können. Derselben Meinung war ich auch, bis zu jenem merkwürdigen Traum. Im Traum können Hähne sprechen.
Aber woher solltet ihr das auch wissen?
Der Traum war so:

Ich spielte mit Gülibik im Hof. Auf einmal mußte ich an Alischirs Worte denken. Da sah Gülibik mich aufmerksam an und lachte. Es klang wie ein kurzer Hahnenschrei.
„Ich weiß, woran du denkst", sagte er. „Du willst es nur nicht erzählen, um mich nicht zu kränken. Aber so falsch ist es nicht, was Alischir gesagt hat. Ja, ein Hahn, der stirbt, ist nur noch ein toter Hahn. Aus ihm wird kein Ei. Auch das ist richtig. Aber in den Eiern der Hühner ist auch ein Stück von seinem Leben. Und wer sollte denn die Hennen beschützen und lieben, wenn es keine Hähne gäbe? Wenn sie nicht wären, könnten die Hühner nicht frei herumspazieren, könnten die Hennen nicht in Ruhe ihre Eier legen." Als er das gesagt hatte, warf er sich in die Brust und krähte wie ein Held.

Ich erwachte und traute meinen Ohren nicht. Gülibik krähte noch immer. Vor Freude hüpfte ich in meinem Bett herum.

Seit seiner Krankheit krähte er heute zum ersten Mal.
Ich sprang auf, weckte meine Mutter und schrie: „Gülibik hat gekräht! Gülibik hat gekräht! Hurra! Er lebe hoch! Gülibik hat gekräht! Er bleibt am Leben, er wird nicht sterben! Er lebe hoch!"
Meine Eltern hatten sich in ihren Betten aufgerichtet und guckten mich ganz verschlafen an. Sie waren völlig durcheinander, während ich vor ihnen von einem Bein auf das andere durch das ganze Zimmer hüpfte.
Gülibik stand da, mit geschwellter Brust. Er stieß seinen Kopf weit vor und krähte noch einmal aus vollem Hals.
Das war die schönste Stimme, die ich je gehört hatte.

Für Kinder, die in einer Großstadt leben, ist der Frühling ein Ereignis, das sich außerhalb der Stadt, sozusagen im Freien, abspielt.

In einem Dorf aber ist der Frühling unmittelbar neben euch, geradewegs vor eurer Nase. Noch bevor die Bäume Knospen treiben, wird es überall grün. Die Schneeglöckchen sind schon da, bevor der Schnee ganz abgetaut ist. Es duftet nach Narzissen, Hyazinthen und anderen Blumen. Die Veilchen kommen unter dem Geröll hervor und lächeln euch an.

Langsam erwärmt die Sonne das ganze Land.

Noch vorsichtig gehen die alten Leute vor die Türen und recken ihre im Winter steif gewordenen Glieder in die Sonne.

Überall ist der Geruch von Erde, Gras und Blumen.

Die Tiere, die den Winter ohne Schaden überstanden haben, schleppen ihre abgemagerten Körper in die Ebene. Für die Berge fehlt ihnen noch die Kraft. Sie grasen den ganzen Tag auf den Wiesen, die gerade zu sprießen beginnen.

Und der Bach? Dieser winzige Bach, der mitten durch unser Dorf fließt, hält sich für einen Fluß, wenn der Frühling kommt. Mit Getöse bringt er das Schmelzwasser von den Bergen. Er ist aschgrau und schlammig, aber er sieht wirklich aus wie ein Fluß.

Wenn er doch immer so schön dahinrauschen würde. Von wegen! Wenn der Sommer beginnt, wird er schmaler und schmaler, bis er wieder ein kleiner Bach geworden ist.

Die Erde saugt sein Wasser und nährt damit die Saat.

Gülibik begrüßte den Frühling auf seine Art. Mit allen seinen Hühnern im Gefolge marschierte er von einem Abfallhaufen zum anderen.

Da näherte sich ein anderer Hahn mit seinen Hennen. Gülibik sah ihn und ließ ihn nicht mehr aus den Augen. Der fremde Hahn ging auf eine von Gülibiks Hennen zu und drängte sie von einem Kürbiskern. Dabei gab er merkwürdig grollende Laute von sich.

Als der fremde Hahn seinen Kopf ausstreckte und das Futter aufpicken wollte, duckte sich Gülibik. Dann schnellte er wie ein Pfeil auf ihn zu und hackte ihm seinen Schnabel ins Genick.
Der fremde Hahn schrie vor Schmerz auf und ging einen Schritt zurück. Er sträubte sein Gefieder und begann zu scharren. Mit dem Mut desjenigen, der sich im Recht fühlt, umkreiste ihn Gülibik. Dann sprang er ihn an. Er hackte noch einmal zu, bevor der andere fliehen konnte. Der fremde Hahn taumelte und lief davon. Es war ein feiger Hahn, denn er ließ seine Hühner einfach stehen. Sie trieben sich noch ein bißchen in der Nähe herum. Dann kehrten sie zu ihrem Misthaufen zurück.

Gülibik aber kletterte auf den Abfallhaufen, holte tief Luft und krähte laut und lange hinter dem feigen Hahn her. Dann scharrte er mit kräftigen Hieben neues Futter aus dem Abfall, drehte sich um und lockte seine Hennen. Mit lautem Gegacker kamen sie angelaufen.

Einmal, als ich aus der Schule kam, kämpfte Gülibik wieder mit einem anderen Hahn. Ich wußte nicht, warum sie kämpften, aber Gülibik war bestimmt im Recht. Er gehörte nicht zu denen, die beim geringsten Anlaß einen Streit vom Zaun brechen.
Ich trennte die beiden. Gülibik blutete am Kopf. Er war ganz außer Atem. Sein Gefieder war naß geschwitzt. Ich brachte ihn ins Haus. Meine Mutter bestrich die Wunde mit einer Salbe, die sie aus Heilkräutern gekocht hatte. Dann setzte ich Gülibik wieder vor die Tür. Er stand dort eine Weile. Dann lief er zu den Hühnern zurück.

Ich schlug mein Buch auf und fing an, das Kapitel über Australien zu lesen. Draußen hörte ich die Rinder und Schafe blöken. Die Abenddämmerung senkte sich über das Dorf.
Meine Mutter nahm den Topf vom Feuer. Sie hob den Deckel und warf eine Handvoll Minze hinein. Der Duft der Suppe breitete sich im ganzen Zimmer aus.

Aber der Frühling, mit Blumen und Blüten aufgeputzt wie ein Brautschleier, kam nicht allein über das Land. Die Armut begleitete ihn.

Alt und jung, Männer, Frauen und Kinder strömten mit dem Frühling in die Berge und suchten eßbare Pflanzen und Kräuter. Wir sammelten Kresse, Sauerampfer, Malven und noch viele andere Kräuter und Pflanzen, von denen ich die Namen nicht einmal kannte. In dieser Zeit sahen wir, wie schön die Berge waren. Die Menschen aus dem Dorf sagten: „Vater Berg und Mutter Erde öffnen ihren Schoß und geben uns zu essen!"

Menschen, die in den Bergen aufwachsen, gewöhnen sich schwer an das Leben in einer großen Stadt. Und wenn sie in der Stadt leben, können sie ihre Berge nicht vergessen. Die Berge haben einen eigenen Geruch, die Geräusche sind anders und sogar die Luft ist verschieden. Bergbewohner sehnen sich immer wieder nach ihren Bergen. Auch ich habe später oft Heimweh nach ihnen gehabt. Mindestens so oft wie nach Gülibik.

Wir Dorfkinder kannten dieses Gefühl der Sehnsucht recht gut. In der eisigen Kälte des Winters sehnten wir die milden Frühlingstage herbei, und später, in der Provinzschule, hatten wir oft Sehnsucht nach unserem Dorf, nach unseren Müttern, unseren Bergen und unseren Hähnen.

Aber auch als wir noch im Dorf waren, gab es vieles, wonach wir uns sehnten: nach den neuen Schuhen vom Vorjahr, die jetzt verschlissen waren, nach einem fischförmigen Taschenmesser, das wir verloren hatten, nach den Mokassins aus rotem Leder, die wir einmal besessen hatten. Denn das waren Dinge, die nicht so oft ersetzt werden konnten.

Geschenke gab es meist vor den Feiertagen. Rote Mokassins oder einen Blechrevolver mit Knallkorken. So einen Revolver habe ich nie bekommen, aber ich war glücklich, weil mir Gülibik gehörte.

Ich kann mich noch an den Tag erinnern, an dem ich rote Mokassins bekam. Ich glaube, es war vor einem Fest. Als ich mich auf den Weg machte, um unseren Nachbarn ein frohes Fest zu wünschen, nahm ich die Schuhe in die Hand. Ich wollte sie schonen, und sie sollten auch nicht staubig werden.

Sogar auf dem Weg zum Wochenmarkt ging ich bis zur Kreuzung barfuß. Kurz bevor der Autobus kam, zog ich meine Schuhe an.

Aber jetzt war Frühling und barfuß laufen machte auch wieder Spaß. Die Erde hatte die Sonnenstrahlen in sich hineingesogen und wärmte unsere Füße. Als ob auch die Berge Mitleid hätten, wuchsen auf ihren Hängen die Dornen nicht so üppig.

Mit dem Frühling wurde es auch in der Schule fröhlicher. Oft wanderte unser Lehrer mit uns über die Wiesen und in die Berge. Wir betrachteten die Gräser, Blumen, Bäume und Vögel, die wir sonst nur aus unseren Büchern kannten. Wir zeichneten sie auch, die Vögel, die Bäume und die Blumen.

Und die Hähne? Als hätten die ihre Stimmen für den Frühling geschont. Schon morgens freute ich mich, wenn ihre Schreie mich weckten.

Ich erinnere mich, wie es war, als ich in der Kreisstadt ins Internat kam:

Mein Vater hatte mich an die Hand genommen und brachte mich in die Schule. Die Schule war ein Steinbau und hatte zwei Stockwerke. Als ich zum ersten Mal so viele Kinder zusammen sah, bekam ich Angst. Ich drängte mich eng an meinen Vater.

Vater brachte mich bis in den Schlafsaal und kehrte in unser Dorf zurück.

Am nächsten Morgen weckte mich eine schrille Glocke. Da fiel mir Gülibik ein. Ich zog die Decke über meinen Kopf und weinte leise vor mich hin.

„Warum weinst du?" fragte der Junge neben mir.

„Wegen Gülibik", antwortete ich.

„Und wer ist Gülibik?"

„Mein Hahn."

Da lachte er und machte sich lustig über mich.

Ich war ihm eigentlich nicht böse. Woher sollte er auch wissen, wie schön es ist, von einem Hahnenschrei geweckt zu werden. Er hatte ja nie einen Hahn besessen.

Und einmal hat mich ein älterer Schüler, der die Aufsicht führte, erwischt, als ich ein Bild von Gülibik malte. Er wurde böse und sagte: „Mach gefälligst deine Schularbeiten, anstatt hier Hähne zu malen!"

Dabei schlug er mir das Lineal auf den Kopf. Ich hatte aber meine Aufgaben schon gemacht.

Bestimmt hatte auch er nie einen Hahn besessen oder war mit einem Hahn befreundet gewesen. Er war nur ein Musterschüler, der die Aufsicht führen durfte. Sie haben mir immer leid getan, die fleißigen Schüler, die keine Hähne mochten.

Schade, daß man in der Schule die Liebe zu den Hähnen nicht lehrt!
Wir lernten, wer Hammurabi war, wo die Pygmäen leben, wieviel Kriege Hannibal geführt hat und wie groß Brasilien ist. Wir konnten die einfachen und die zusammengesetzten Blätter, die fleischfressenden und die pflanzenfressenden Tiere aufzählen und das große Einmaleins aufsagen. Aber was nützt das ganze Wissen, wenn man die Hähne nicht liebt?
Verzeiht mir, aber wenn ich jemanden treffe, der keine Hähne mag, werde ich richtig wütend. Wo waren wir stehengeblieben?
Wir sprachen vom Dorf.
In welcher Jahreszeit?
Im Frühling.
Setzen wir also unsere Geschichte fort:

Wenn ich zur Schule mußte, konnte ich meinem Vater nicht helfen. Die meiste Zeit verbrachte ich mit meinen Schularbeiten, und wenn ich frei hatte, spielte ich mit Gülibik.
Mein Vater ging allein zum Markt, wenn die Arbeit auf dem Feld es zuließ. Aber in diesem Jahr kam er oft mit den Schafen und Hühnern wieder zurück, weil er sie nicht verkaufen konnte. Die Tiere hatten sich von dem harten Winter noch nicht erholt und waren zu mager. Wenn mein Vater vom Markt zurückkam, war er sehr niedergeschlagen. Schweigsam aßen wir unser Abendbrot.
Nach dem Essen rauchte mein Vater eine Zigarette nach der anderen. Still räumte meine Mutter den Tisch ab und machte die Betten. Wenn ich dann im Bett lag, hörte ich meine Eltern noch lange miteinander reden. Oft zankten sie sich. Dann wurde ich traurig. Wenn die Menschen Sorgen haben, werden sie also verletzend, mürrisch und streitsüchtig, dachte ich.
In dieser bedrückenden Zeit ging die Schule zu Ende.

Am letzten Schultag versammelten sich alle Schulkinder auf dem Schulhof.
Nach Klassen getrennt, stellten wir uns in Reih und Glied auf.
Unser Lehrer stand vor dem Fahnenmast. Als er zu uns herübersah, wurden wir still. Wir aus der letzten Klasse waren besonders aufgeregt. Für uns war der Abschied von unserer Schule und von unserem Lehrer gekommen. Für diejenigen, die auf die Provinzschule kamen, bedeutete es sogar die Trennung vom Dorf. Jeder hatte die besten Kleider angezogen, die er hatte.
An diesem Tag sangen wir die Freiheitshymne viel inniger als sonst. Manche von uns sangen so laut, daß sich ihre Stimmen überschlugen. Die schrillen, falschen Töne brachten die anderen durcheinander.
Die Verteilung der Zeugnisse war sehr feierlich. Jedem, der sein Abschlußzeugnis bekam, drückte unser Lehrer die Hand. Die Kleinen betrachteten uns mit Bewunderung. Genauso hatten wir die Schulabgänger vom Vorjahr angestarrt.

Nach dem Abendbrot zeigte ich meinem Vater mein Zeugnis. Er lächelte abwesend. Dann strich er mit der Hand über meinen Kopf und sagte: „Gut gemacht, jetzt hast du die Schülermütze für die Mittelschule verdient."
Mein größter Wunsch war eine Schülermütze. Ich freute mich. Im nächsten Jahr würde ich also in der Kreisstadt auf die Schule gehen. Ich würde neue, schöne Schulbücher, Buntstifte und Linienhefte bekommen.
Wie Alischir würde ich die Bücher und Hefte in blaues und rotes Wachspapier einschlagen.
Wer weiß, vielleicht würde ich auch eine Schultasche bekommen.
Während ich mir das alles ausmalte, muß ich am Tisch eingeschlafen sein. Plötzlich spürte ich, wie mich meine Mutter behutsam in die Arme nahm. Aber ich hielt die Augen geschlossen, weil es so wohl tat.
Mutter trug mich ins Bett, und ich schlief sofort wieder ein.

Menschen, die sich nicht viel kaufen können, sind es gewohnt, sich über kleine Dinge zu freuen. Für die Kinder wohlhabender Eltern sind neue Schuhe, ein neuer Anzug, eine neue Mütze oder sogar ein neues Fahrrad keine besonderen Ereignisse. Neue Sachen zu bekommen, ist für sie ein alltäglicher Vorgang. „Mein Zeug war schon abgenutzt, ich brauchte etwas Neues und habe es bekommen", sagen sie einfach.
Für uns waren schon neue Bleistifte ein Anlaß zur Freude.

In dem Jahr, als ich von der Dorfschule abging, bekam ich nichts Neues. Meine Mutter trennte aber Vaters alte Jacke auf, wendete sie und schneiderte sie auf meine Größe. Sie sah aus wie neu, und ich freute mich. Einen Fehler hatte sie allerdings: Die Brusttasche war jetzt auf der rechten Seite. Ob links oder rechts, für mich war es überhaupt nicht wichtig. Aber erzähl das einmal den anderen!
Als wenn die Not eine Schande wäre, verbarg ich sie vor ihnen. Ich mochte ihnen nicht einmal erklären, daß meine Jacke aus der alten Jacke meines Vaters geschneidert worden war.

Seitdem die Schule zu Ende war, begleitete ich meinen Vater wieder auf den Markt.

An einem Morgen war etwas Furchtbares geschehen:

Meine Mutter hatte Gülibik zwischen die Hühner gelegt, die auf dem Markt verkauft werden sollten. Ich traute meinen Augen nicht. Dann bekam ich schreckliche Angst.

Mein Vater aß gerade seine Suppe.
Ich setzte mich zu ihm und bat: „Bitte Vater, verkauf ihn nicht!"
Mein Vater aß noch einen Löffel Suppe. Dann wischte er sich mit dem Handrücken den Mund ab, strich seinen Schnurrbart glatt und antwortete: „Haben wir denn noch etwas anderes, was wir verkaufen könnten?"
„Vater, bitte, verkauf ihn nicht!" sagte ich wieder.
Er schob die Tischdecke von seinen Knien, legte seinen Arm um meine Schultern und sagte: „Hör zu, mein Sohn. Wir sind arme Leute. Wenn wir nichts verkaufen, müssen wir hungern. Außerdem brauchst du in der Provinzschule Bücher, Hefte und Schreibzeug. Und die Schulmütze? Wovon sollen wir sie kaufen, wenn wir Gülibik nicht auf den Markt bringen?"
„Ich will die Mütze nicht haben", antwortete ich. Meine Stimme zitterte. Er stand auf, nahm Gülibik und die an ihn gebundenen Hühner, sah mich an und sagte: „Du mußt nicht mitkommen."
Dann ging er aus dem Zimmer.

Ich und nicht mitkommen? Ich sprang auf und lief hinter ihm her.

„Du hast deine Suppe noch nicht gegessen!" rief meine Mutter.

Da hatte ich meinen Vater schon eingeholt. Während wir den Dorfweg entlanggingen, trug Vater Gülibik und die Hühner. Im Autobus band er ihn los und gab ihn mir. Ich setzte ihn auf meinen Schoß und fing an, sein Gefieder zu streicheln.

Während der Fahrt betete ich immer wieder: „Gott, laß es so regnen, daß der Markt ausfällt."

Aber der Himmel blieb klar. Nicht eine einzige Wolke war zu sehen.

Auf dem Marktplatz versteckte ich Gülibik unter den Hühnern. Die Käufer sollten ihn nicht sehen.

Ein Huhn nach dem anderen wurde verkauft. Noch war niemand auf Gülibik aufmerksam geworden. Als die letzten Hühner verkauft waren, kam Gülibik zum Vorschein. Jetzt mußte etwas geschehen.

Zum ersten Mal in meinem Leben versuchte ich es bei meinem Vater mit einer Lüge: „Ich habe Hunger", sagte ich.
Mein Vater hielt die Hand über seine Augen und schaute nach der Sonne, um zu sehen, wie spät es sei.
„Meinetwegen", sagte er und lächelte. Wir gingen zu den Ständen und kauften Weintrauben, Käse und Brot. Dann setzten wir uns unter einen großen, schattigen Maulbeerbaum und begannen zu essen. Ich aß so langsam, wie ich nur konnte. Zwischendurch fütterte ich Gülibik mit Trauben und Brotkrumen. Ich wünschte mir, daß das Mittagessen bis zum Abend dauern würde. Aber es dauerte nicht bis zum Abend. Mein Vater machte seine Zigarette aus und stand auf.
„Na, dann los!" sagte er.
Jetzt war die Reihe an Gülibik.

Auf dem Weg zum Marktplatz blieb ich plötzlich stehen und sagte: „Vater, wollen wir uns Schulmützen ansehen?"
Er sah mich an. Ich wurde rot bis zu den Ohren.
Und dann sagte mein Vater: „Einverstanden, gehen wir!"
Vor Freude hätte ich in die Luft springen können.

Wir gingen in die Richtung, in der die Ladenstraßen waren. Da war eine große Menschenmenge. Als wir näher kamen, sahen wir, wie erwachsene Männer zwei kleine Hähne aufeinanderhetzten.
Wir blieben stehen. Die kämpfenden Hähne waren beide voller Blut. Trotzdem gingen sie immer wieder flügelschlagend mit Schnäbeln und Krallen aufeinander los. Einer von ihnen hatte ein verletztes Auge.

Jedesmal, wenn die Hähne übereinander herfielen, klatschten die Zuschauer und schrien:
„Zerhack ihn, Alkanat!"
„Schlag ihn, schlag ihn, Kanibik!"
Der, den sie Kanibik nannten (das bedeutet soviel wie blutroter Hahnenkamm), hatte jetzt wirklich einen so roten Kamm, denn er war voller Blut. In seinem Schnabel hingen zerfetzte Federn. Aber die Menge schrie immer noch:
„Schlag ihn!"
„Zerhack ihn!"
„Töte ihn!"

Plötzlich versetzte der eine Hahn seinem Gegner einen so harten Flügelschlag, daß dieser taumelte und fiel. Sofort war der andere über ihm und hackte auf seinen Kopf ein.
Ich zog meinen Vater an der Hand und schrie: „Laß uns weggehen, Vater, laß uns ins Dorf zurück!"
Er hörte mich nicht einmal. Ich beugte mich vor und sah ihm ins Gesicht.
Er lachte. Ich war sprachlos und verwirrt. Warum lachte er, während sich zwei kleine Hähne zerhackten?
Ich packte seine Jacke und zerrte.
„Warte einen Augenblick", sagte er.

Denn in diesem Moment war der Kampf zu Ende. Der Mann, dem der besiegte Hahn gehörte, gab seinem Tier einen Fußtritt. Der Hahn wirbelte flatternd durch die Luft und landete mit einem dumpfen Geräusch auf der anderen Straßenseite.
Der Sieger wurde von Hand zu Hand gereicht. Einer der Männer küßte ihn. Küßte ihn immer wieder.
Die Männer nahmen jetzt Geld voneinander, gaben es weiter oder steckten es ein. Gespannt verfolgte mein Vater das Hin und Her. Endlich erinnerte er sich an mich. Er nahm Gülibik aus meinen Armen. Seine Augen leuchteten als er sagte: „Los, wir gehen zurück ins Dorf!"
Ich traute meinen Augen nicht, mein Vater ging zur Bushaltestelle. Mit einem Freudenschrei rannte ich hinter ihm her.

Im Autobus sprach mein Vater kein Wort. Ab und zu streichelte er Gülibik. An der Kreuzung sprang er ab und ging mit großen Schritten auf unser Dorf zu.
Auch beim Abendessen redete mein Vater nicht. Er grübelte, und manchmal lachte er. Mutter fragte ihn, worüber er nachdachte. „Es ist nichts", antwortete er.
Dann zog er sich aus und legte sich hin. Er rauchte die ganze Nacht. Seine Zigaretten glühten in der Dunkelheit.

In jener Nacht träumte ich nur von kämpfenden Hähnen. Ich wachte auf und wälzte mich im Bett. Im Dunkeln sah ich die glühende Zigarette meines Vaters.
Als ich am nächsten Morgen Gülibiks Stimme nicht hörte, überfiel mich große Angst. Ich zog mich schnell an und rannte in den Stall. Er war nicht da. „Gülibik!" schrie ich, „Gülibiiik!"
Ich begann ihn zu suchen. Er war im Hof. Und kämpfte mit einem anderen Hahn. Ich rannte auf die beiden zu. Als ich sie trennen wollte, hörte ich meinen Vater sagen: „Faß ihn nicht an!"
Er saß auf der Hofmauer und beobachtete den Kampf.

Seit jenem Tag ließ mein Vater Gülibik jeden Tag kämpfen. Ich wollte nicht, daß er kämpfte. Alle Hähne waren seine Freunde. Warum sollten sie sich ohne Grund schlagen? Aber mein Vater wollte mich nicht verstehen.
Seit Gülibik kämpfen mußte, hatte sich auch seine Stimme verändert.
Krähte er früher: „Wacht auf!" so hörte er sich jetzt an, als ob er um Hilfe schrie. Ich war sehr niedergeschlagen.
Als ich meine Mutter fragte, warum Vater Gülibik kämpfen ließ, wußte sie auch keine Antwort.

Es war wieder einmal ein Sonntagmorgen, an dem mich meine Mutter sehr früh weckte.
Wir wollten auf den Markt.
Mein Vater hatte seine Suppe schon gegessen und rasierte sich sorgfältig vor dem alten Spiegel. Dabei pfiff er ein Lied. Sonst wurde er immer ärgerlich, wenn jemand pfiff. Wie oft hatte er es mir verboten.
Während er sich rasierte, aß ich meine Suppe.
Wir machten uns auf den Weg. Vater hatte nur Gülibik im Arm, den er liebevoll an sich drückte. Er ging so schnell, daß ich fast nicht Schritt halten konnte.
Als wir die Kreuzung erreichten, blinzelte er mir zu und sagte: „Du wirst schon sehen, warte ab, du wirst schon sehen!"
Der Autobus kam, und wir stiegen ein. Ich hatte Gülibik auf den Schoß genommen. Um mich herum unterhielten sich die Leute, dazwischen meckerte eine Ziege, dann gackerte wieder ein Huhn. Ab und zu stöhnte ein Kranker.

Weil ich früh aufgestanden war, schläferte mich das gleichmäßige Geschaukel im Wagen wieder ein. Da hatte ich einen merkwürdigen Traum:

Gülibik bereitete sich auf einen Kampf vor. Er reinigte seinen Schnabel und putzte seine Krallen. Dann scharrte er und krähte lange und durchdringend. Ich ging zu ihm.
„Ich bereite mich auf meinen letzten blutigen Kampf vor", sagte er.
„Was soll das heißen?" fragte ich.
„Ich werde für dich kämpfen", antwortete er, „für dich, für deinen Vater, für alle armen Kinder und Väter..."
„Und wofür soll das gut sein?" fragte ich.
Daraufhin sagte er: „Solange ihr euren Kampf nicht selbst bestehen könnt, haben wir Hähne diese Aufgabe übernommen."
„Aber du bist kein Kampfhahn. Du wirst den Kampf verlieren und – ich mag es gar nicht aussprechen – vielleicht dabei sterben. Tu es nicht, Gülibik!"
Gülibik antwortete: „Erinnerst du dich noch an Alischirs Worte? Er sagte: Und wenn sie sterben, sind sie nichts als tote Hähne. Stimmts? Ich aber will nicht nur ein toter Hahn sein. Ich will ein Hahn sein, der für etwas gestorben ist."
„Aber das kannst du mir nicht antun!" schrie ich. „Das kannst du mir nicht antun!"

„He! Was ist denn mit dir los?"
Es war die Stimme meines Vaters. Er rüttelte an meinen Schultern. Ich wachte auf. Jetzt wußte ich es mit Sicherheit. Vater wollte Gülibik nicht verkaufen. Er brachte ihn zum Hahnenkampf.

Nachdem wir den Autobus verlassen hatten, gingen wir sofort zum Kampfplatz. Dort war wieder eine große Menschenmenge, und wieder kämpften zwei Hähne gegeneinander.
Vater hielt Gülibik im Arm und wartete. Während ich schlief, hatte er ihn mir weggenommen und ein Tuch über seine Augen gebunden. Wer weiß, vielleicht sollte er keine Angst bekommen, wenn er die kämpfenden Hähne sah.
Ich ergriff Vaters Arm und sagte:
„Bitte Vater, laß ihn nicht kämpfen."
„Hab keine Angst", antwortete er, „da ist viel Geld drin. Was könnte ich dir alles kaufen, wenn er gewinnt. Was alles . . ."
Aber ich wollte nichts mehr haben. Nichts mehr. Auch keine Schulmütze. Wenn Gülibik nur nicht kämpfen mußte. Ich fing an zu weinen.
„Hör auf!" fuhr mein Vater mich an. Aber ich hörte nicht auf ihn.

Er löste das Tuch von Gülibiks Augen. Dann reinigte er seine Krallen und strich ihm über das Gefieder. Neugierig beobachteten die Zuschauer seine Vorbereitungen. Vater flüsterte Gülibik etwas zu und schleuderte ihn auf den Kampfplatz.
Gülibik drehte sich noch einmal zu mir um. Ihr werdet es nicht glauben, aber mir war, als ob er lächelte. Ja, es war ein bitteres Lächeln.
Er schaute verächtlich in die Runde und schoß dann wie ein Pfeil in die Mitte des Kampfplatzes.
Sein Gegner war ein großer, starker Hahn. Außerdem war er nur für Hahnenkämpfe dressiert und trainiert worden. Aber Gülibik stellte sich trotzig und aufrecht vor ihn.

Ich weiß nicht mehr, wie oft Gülibik zu Boden ging und wieder hoch kam. Ich weiß auch nicht, wieviele Federn er lassen mußte. Aber Gülibik lieferte einen großen Kampf. Einen Kampf, den niemand diesem jungen Hahn zugetraut hatte. Seine Federn färbten sich dunkel vom Blut, und in seinem Schnabel hingen die Federn seines Gegners.
„Halt aus, Gülibik", rief mein Vater. „Halt aus!"

Aber Gülibik konnte den Kampf nicht durchstehen. Es gelang seinem Gegner, sich festzubeißen. Er zerrte und schüttelte Gülibik hin und her, immer wieder hin und her und schlug ihn dann auf den Boden. Gülibik kam nicht wieder auf die Beine. Er hatte viele Wunden. Sein Atem ging schwer, und er röchelte.

Nach einer Weile löste sich die Menge auf. Bald war der Marktplatz menschenleer. Die Städter waren nach Hause gegangen, und die Bauern hatten sich auf den Heimweg gemacht. Wir waren ganz allein auf dem Kampfplatz, Vater, ich und Gülibik. Die Sonne hatte den Marktplatz in rotes Licht getaucht. Einige Federn von Gülibik segelten im Abendwind langsam zu Boden. Er röchelte nicht mehr. Mit starren Augen und offenem Schnabel lag er immer noch da, wo er zu Boden gegangen war. Etwas schnürte mir die Kehle zu. Ich konnte nicht weinen.
Mein Vater steckte sich eine Zigarette an. Er nahm einen tiefen Zug und stieß dann mit einem leisen Stöhnen den Rauch in die Luft.

In weiter Ferne krähte ein Hahn. Er krähte hell und sehr lange. Genau wie Gülibik.
Es war Gülibik, mein Freund.